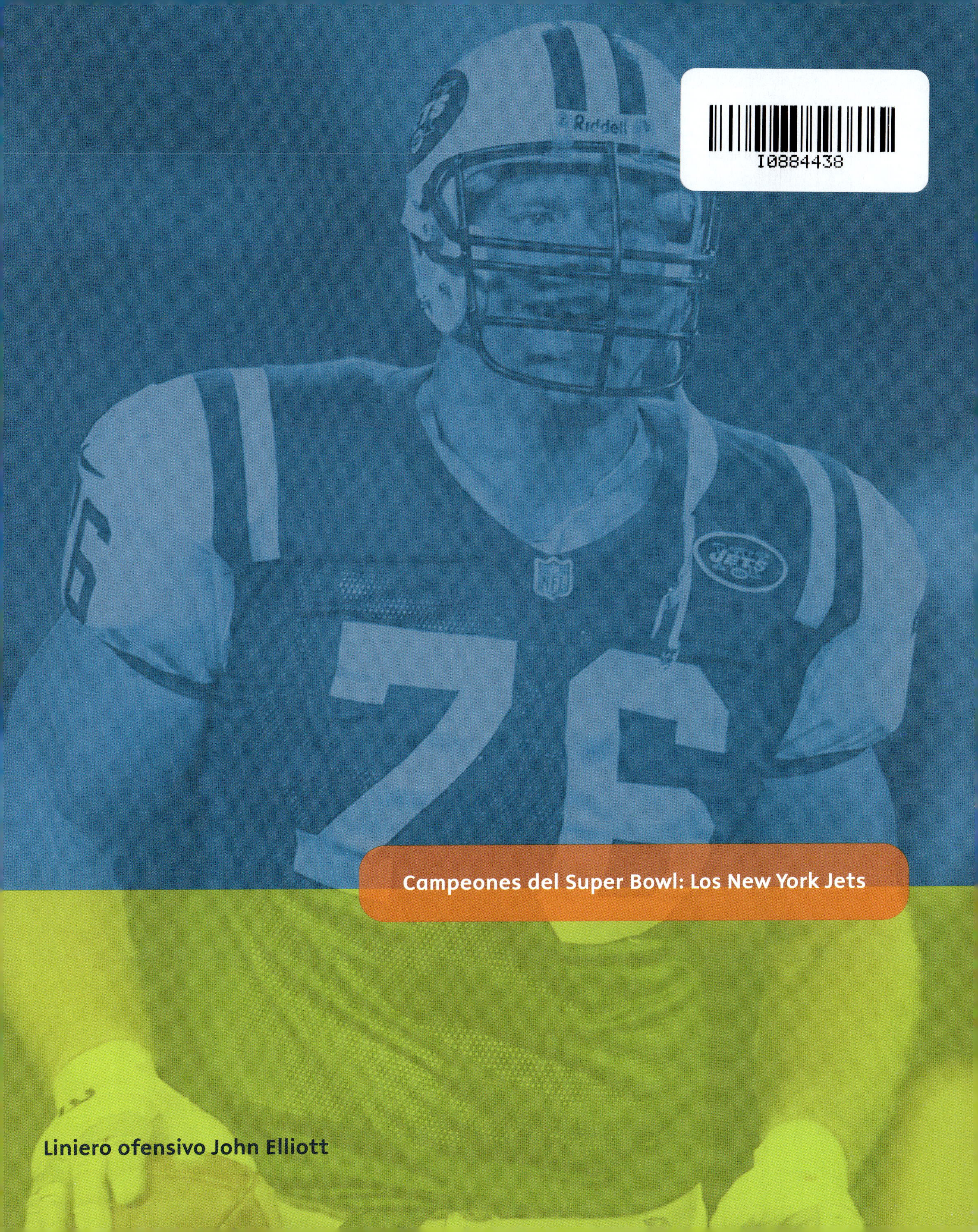

Campeones del Super Bowl: Los New York Jets

Liniero ofensivo John Elliott

Linebacker Avery Williamson

CAMPEONES DEL SUPER BOWL

LOS NEW YORK JETS

MICHAEL E. GOODMAN

CREATIVE SPORTS

CREATIVE EDUCATION / CREATIVE PAPERBACKS

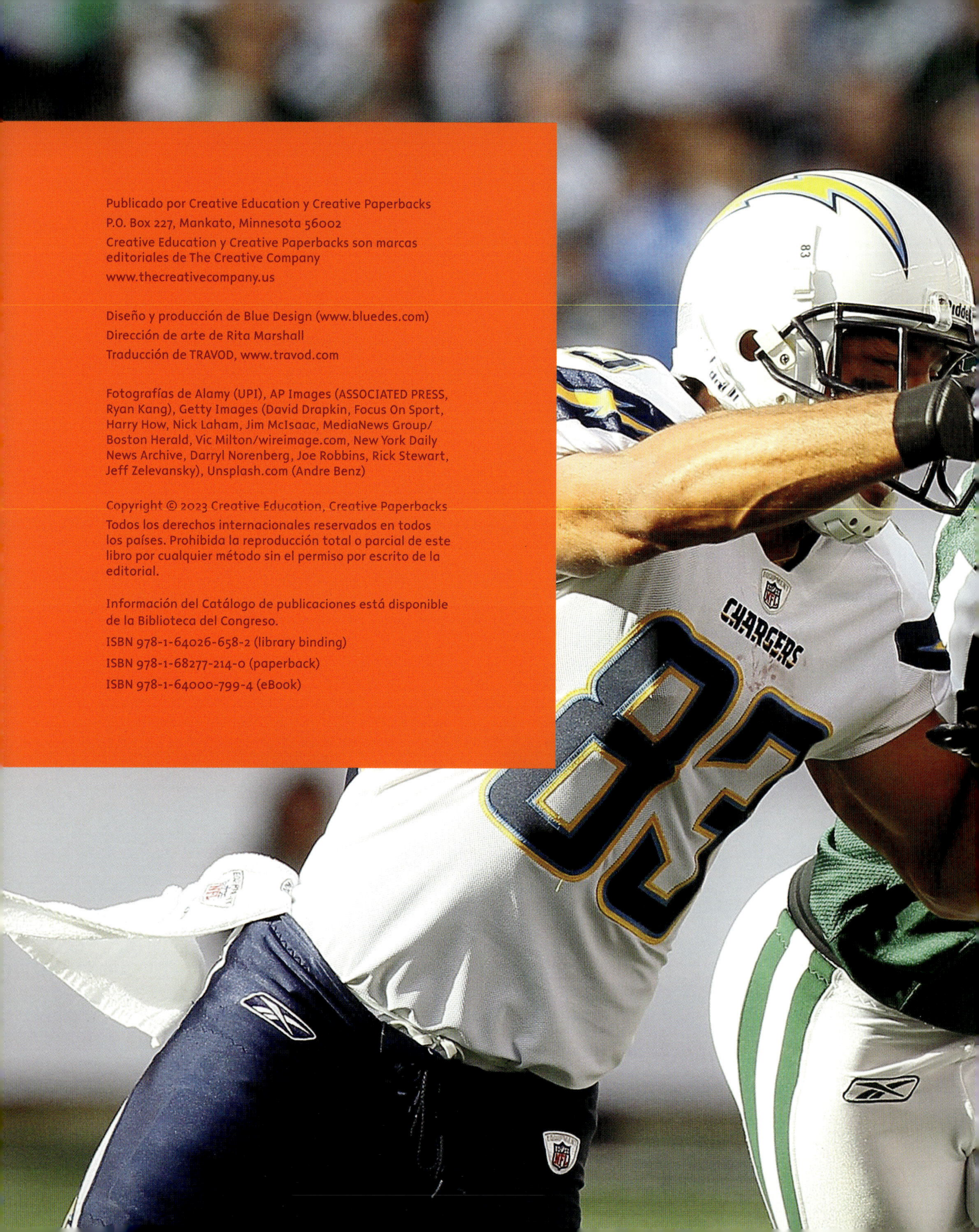

Publicado por Creative Education y Creative Paperbacks
P.O. Box 227, Mankato, Minnesota 56002
Creative Education y Creative Paperbacks son marcas editoriales de The Creative Company
www.thecreativecompany.us

Diseño y producción de Blue Design (www.bluedes.com)
Dirección de arte de Rita Marshall
Traducción de TRAVOD, www.travod.com

Fotografías de Alamy (UPI), AP Images (ASSOCIATED PRESS, Ryan Kang), Getty Images (David Drapkin, Focus On Sport, Harry How, Nick Laham, Jim McIsaac, MediaNews Group/ Boston Herald, Vic Milton/wireimage.com, New York Daily News Archive, Darryl Norenberg, Joe Robbins, Rick Stewart, Jeff Zelevansky), Unsplash.com (Andre Benz)

Información del Catálogo de publicaciones está disponible de la Biblioteca del Congreso.
ISBN 978-1-64026-658-2 (library binding)
ISBN 978-1-68277-214-0 (paperback)
ISBN 978-1-64000-799-4 (eBook)

Esquinero Darrelle Revis

Receptor abierto Santonio Holmes

CONTENIDO

Hogar de los Jets

La ciudad de Nueva York es la ciudad más grande y activa de los Estados Unidos. Todo se mueve rápido ahí. Así que tiene sentido que uno de los equipos de futbol americano profesional de Nueva York se llame los Jets. Cada otoño, los fanáticos de los deportes llenan el estadio MetLife Stadium para animar a los Jets.

Los Jets son parte de la Liga Nacional de Futbol Americano (NFL). Uno de sus principales **rivales** son los New England Patriots. Todos los equipos de la NFL intentan ganar el Super Bowl. El ganador es el campeón de la liga.

DOUGH!
"WE'RE A COUPLE. WE DON'T WANT TWIN BEDS."
WARM. DRY. CONTENT.
CALL OF DUTY BLACK OPS
THOMSON REUTERS
50% OFF
Nasdaq
400,000 NYC CHILDREN
ONLY

Receptor abierto Santana Moss

Elegirse el nombre de los Jets

Al principio el equipo se llamaba los Titans. Los titanes son tipos de gigantes. Tres años después, un nuevo grupo compró el equipo. Sonny Werblin era el propietario principal. Le dio al equipo un nuevo nombre, los Jets. Esperaba que el club volara alto.

Receptor abierto Don Maynard

Historia de los Jets

El equipo empezó a jugar en 1960. Formó parte de la Liga Americana de Futbol Americano (AFL) durante 10 años. El mejor jugador fue el veloz receptor abierto Don Maynard. No importa qué tan lejos lanzara la pelota el *quarterback*, Maynard correría y la atraparía.

En 1965, los Jets agregaron al emocionante *quarterback* Joe Namath. Lanzó pases largos para anotar **touchdowns**. Tenía mucha **confianza**. Antes del Super Bowl III (3), prometió que los Jets ganarían. ¡Y lo hicieron!

Los Jets se unieron a la NFL en 1970. Durante varios años, no ganaron muchos juegos. Mejoraron después de agregar a las estrellas de la **defensa** Joe Klecko y Mark Gastineau.

Quarterback Joe Namath

Liniero defensivo Joe Klecko

El *quarterback* Ken O'Brien y el corredor Freeman McNeil fueron estrellas a la **ofensiva** en la década de 1980. Llevaron a los Jets a las **eliminatorias** varias veces. Pero el equipo no pudo volver a llegar al Super Bowl.

Aún así, los fanáticos llenaron el nuevo estadio local del equipo en Nueva Jersey en cada partido. Les encantaba gritar, "¡J-E-T-S! ¡Jets! ¡Jets! ¡Jets!" En 2009 y 2010, los Jets tuvieron temporadas especiales. Se perdieron de ir al Super Bowl por solo un juego de eliminatorias.

Otras estrellas de los Jets

El corredor Curtis Martin era difícil de taclear. Más tarde fue elegido para el Salón de la Fama del Futbol Americano. Wayne Chrebet era un receptor abierto pequeño pero luchador. Hizo muchas atrapadas asombrosas. El centro enorme Nick Mangold protegió a los *quarterbacks* de los New York Jets durante 11 temporadas.

Corredor Curtis Martin

Quarterback **Zach Wilson**

En 2021, los Jets firmaron contrato con el *quarterback* Zach Wilson. Fue seleccionado en la primera ronda. Dirigirá al equipo hacia el futuro. Los aficionados esperan que los Jets regresen pronto al Super Bowl.

Acerca de los Jets

Comenzaron a jugar: En 1960

Conferencia/división: Conferencia Americana, División Este

Colores del equipo: verde y blanco

Estadio: MetLife Stadium

VICTORIA EN EL SUPER BOWL:

III, 12 de enero de 1969, 16–7 sobre los Baltimore Colts

Sitio web de los New York Jets: www.newyorkjets.com

Glosario

confianza— creer mucho en uno mismo

defensa — los jugadores que intentan evitar que el otro equipo anote

eliminatorias — juegos que llevan a cabo los mejores equipos después de una temporada para ver quién será el campeón

ofensiva — los jugadores que controlan el balón e intentan anotar

rivales — equipos que juegan extra duro unos contra otros

touchdowns — una jugada en la que un jugador lleva el balón o lo atrapa en la zona de anotación del otro equipo para anotar seis puntos

Profundo Jamal Adams

Índice